第一册

中华传统文化
走进齐文化

《中华传统文化——走进齐文化》编委会 编

中国社会科学出版社

图书在版编目(CIP)数据

中华传统文化:走进齐文化:全十二册/《中华传统文化——走进齐文化》编委会编. —北京：中国社会科学出版社，2023.6（2023.11重印）
ISBN 978-7-5227-2077-7

Ⅰ.①中…　Ⅱ.①中…　Ⅲ.①齐文化—青少年读物
Ⅳ.①K871.3-49

中国国家版本馆CIP数据核字（2023）第105321号

出 版 人	赵剑英	
责任编辑	孙婷筠	
责任校对	牛　玺	
责任印制	戴　宽	

出　　版	中国社会科学出版社	
社　　址	北京鼓楼西大街甲158号	
邮　　编	100720	
网　　址	http://www.csspw.cn	
发 行 部	010-84083685	
门 市 部	010-84029450	
经　　销	新华书店及其他书店	

印刷装订	北京君升印刷有限公司	
版　　次	2023年6月第1版	
印　　次	2023年11月第2次印刷	

开　　本	710×1000　1/16	
印　　张	95	
字　　数	1505千字	
定　　价	163.00元（全十二册）	

凡购买中国社会科学出版社图书，如有质量问题请与本社营销中心联系调换
电话：010-84083683
版权所有　侵权必究

《中华传统文化——走进齐文化》编纂委员会

主　　任：崔国华
副 主 任：张锡华　王先伟　刘建伟　段玉强　王　鹏　冷建敏
　　　　　刘　琳　罗海蛟
名誉主任：张成刚　刘学军　宋爱国
委　　员：（以姓氏笔画为序）
王　宏　王　凯　许之学　许跃刚　孙正军　孙林涛　孙镜峰
李安亮　李新彦　李德乾　张建仁　张振斌　韩相永　路　栋

《中华传统文化——走进齐文化》编审人员

主　　编：徐广福　李德刚
副 主 编：王　鹏　朱奉强　许跃刚　李新彦　吴同德　于建磊
　　　　　闫永洁
编写人员：（以姓氏笔画为序）
于孝连　王会芳　王桂刚　王景涛　边心国　齐玉芝　李东梅
张爱玲　赵文辉　高科江　袁训海

《中华传统文化——走进齐文化》本册编委

本册主编：路　栋
副主编：李东梅
编　者：于　敏　刘总政　景洪丽　阎素红
　　　　钟　玲　王彦芳　李　平　于晓玲
美术编辑：谭秀梅　韩荣胜

前 言

齐文化是中华民族传统文化的重要组成部分,它所具有的鲜明的开放、包容、务实、创新的文化精神,不仅在我国古代社会产生过重大影响,而且已经穿越时空,历久弥新,对今人依然有许多启迪和借鉴意义。

《中华传统文化——走进齐文化》编写委员会以教育部《完善中华优秀传统文化教育指导纲要》为指针,从传统文化与时代精神的结合上把握齐文化的特点,遵循青少年身心发展规律和教育规律,面向中小学生,一体化设计本书的编写内容与编写体例,使本书由浅入深,由分到总,由具象到抽象,由感性到理性,点面结合,纵向延伸,呈现出层级性、有序性、衔接性和系统性。

本书编写以"亲近齐文化—感知齐文化—理解齐文化—探究齐文化"为总体编写思路。

小学低年级(一至二年级),以滋养学生对齐文化的亲近感为侧重点,开展启蒙教育,培育热爱齐文化的情感。

小学高年级(三至五年级),以提高学生对齐文化的感知力为侧重点,开展认知教育,使学生了解齐文化的丰富多彩。

初中阶段,以增强学生对齐文化的理解力为侧重点,开展通识教育，使学生了解齐国历史的重要史实和发展的基本线索，以及齐地风俗，赏析齐国的文学艺术和经典名著选段，提高对齐文化的认同度。

高中阶段，以提升学生对齐文化的理性认识为侧重点，开展探究教育，引导学生认识齐文化形成与发展的悠久历史过程，领悟齐人创造的物质文化、制度文化和精神文化，探究齐文化的重要学说，发掘齐文化的历史价值和现实意义，弘扬和光大齐文化。

基于上述编写的指导思想与编写思路，本书在编写过程中与时俱进，注重齐文化教育与践行社会主义核心价值观相结合，齐文化教育与时代精神相结合，课堂学习与实践教育相结合，学校教育、家庭教育与社会教育相结合。

正如经济领域有第一产业、第二产业、第三产业一样，教育领域也有第一课堂、第二课堂、第三课堂。本书的编写意在为中小学生的第三课堂提供一套系统化的齐文化"课程"。从小学一年级到高中三年级共计十二册，学生经过十二年的序列化学习，逐步深入了解齐文化、继承齐文化，并创新性地发展齐文化。青少年学生通过亲近、感知、理解、探究齐文化，以此弘扬爱国主义精神，培养家国情怀，提升文化自信力，为实现中华民族伟大复兴的中国梦奋然前行。

《中华传统文化——走进齐文化》编委会

2023年2月

走进齐文化 一

第一单元	古齐新韵

第 1 课　　看图识"齐"……………………………… 1
第 2 课　　临淄的由来……………………………… 3
第 3 课　　临淄校名………………………………… 5
活动探究课　寻访临淄路名………………………… 7

第二单元	山水风光

第 4 课　　秀美牛山………………………………… 9
第 5 课　　神秘稷山………………………………… 11
第 6 课　　临淄人的母亲河——淄河……………… 13
第 7 课　　古齐名泉——天齐渊…………………… 15

第三单元	临淄成语故事

第 8 课　　姜太公钓鱼……………………………… 17
第 9 课　　管鲍之交………………………………… 19
第 10 课　　门庭若市………………………………… 21
第 11 课　　明察秋毫………………………………… 23

第四单元	名人风采

第 12 课　　姜太公…………………………………… 25
第 13 课　　齐桓公…………………………………… 27
第 14 课　　齐景公…………………………………… 29

第15课　齐威王 …………………………… 31
第16课　齐宣王 …………………………… 33

第五单元　诗歌欣赏

第17课　过临淄 …………………………… 35
第18课　牛山道中书所见 ………………… 37
第19课　系水 ……………………………… 39
第20课　天齐渊 …………………………… 41

第六单元　文物撷英

第21课　铜钟 ……………………………… 43
第22课　鎏金编钟 ………………………… 45
第23课　国子鼎 …………………………… 47

第七单元　文化遗产

第24课　齐《韶》………………………… 49
第25课　蹴鞠 ……………………………… 51

第八单元　抚今追昔

第26课　姜太公植物园 …………………… 53
第27课　太公湖 …………………………… 55
第28课　晏婴公园 ………………………… 57
第29课　齐园 ……………………………… 59
第30课　闻韶园 …………………………… 61
活动探究课　走进临淄名园 ……………… 63

走进齐文化

第一单元　古齐新韵

古代齐国是一个泱泱大国，历史悠久，文化灿烂。临淄曾作为"春秋五霸之首、战国七雄之一"的齐国都城长达八百余年，是齐文化发祥地、国家历史文化名城、世界足球起源地。今天，作为生活在这片热土上的子孙后代，传承历史文化是我们义不容辞的光荣使命。

第1课　看图识"齐"

找一找，认一认：图片上有什么共同点？

图一

图二

图三

图四

中华传统文化

图五

图六

这六幅图设计的共同特点就是借用了一个汉字"齐"。"齐"在历史上是我们这个地方的称呼。被尊为"周师齐祖"的姜太公曾在这里建立了一个国家,这个国家就叫齐国。

我们经常听到"齐鲁大地"的说法,请同学们想一想齐鲁大地中的"齐""鲁"原来指什么?现在这两个字放在一块指什么?

访一访:
问问父母或他人,齐地齐国为什么称作"齐"?

走进齐文化

第2课　临淄的由来

很久很久以前，营丘是一个地方的名称，在这里，被尊为"周师齐祖"的姜太公被封建立齐国的国都。因为营丘濒临淄河，后来就改名为临淄了。临淄作为齐国国都八百余年，有"海内名都"之称，"临淄"这个名字传到现在已有二千八百多年。

日积月累

故都临淄沙盘一角

分享交流

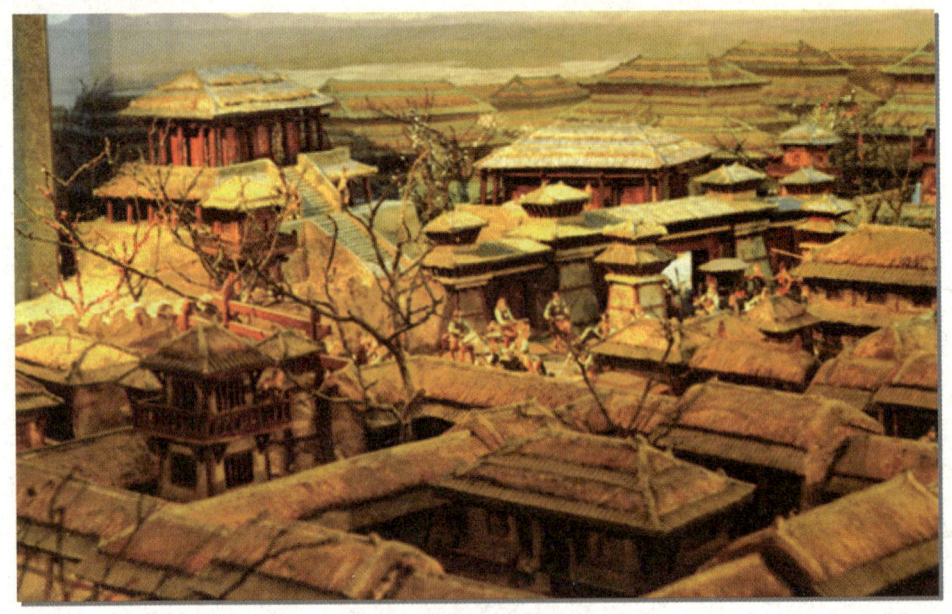

营丘城故址位于今临淄区齐都镇河崖头村西约200米处的韩信岭西南。

拓展活动

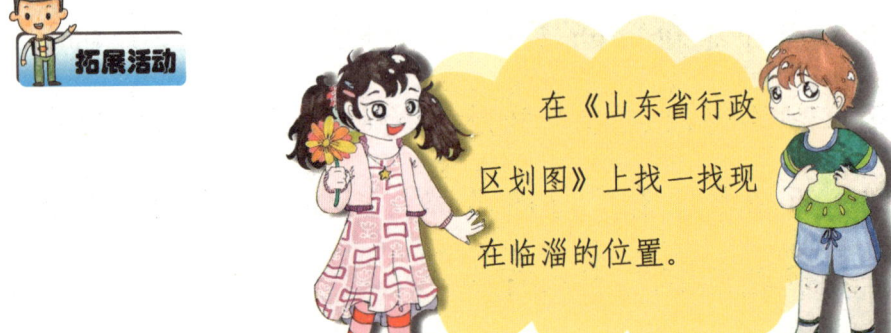

在《山东省行政区划图》上找一找现在临淄的位置。

第3课　临淄校名

在战国时期诞生的齐国历史上第一所大学——稷下学宫，是古代教育的典范。如今，临淄人民秉承稷下学宫兼容并包、创新开放的思想，在对学校名字命名上，依托了齐文化背景。

临淄区太公小学

以明君贤相命名的学校有太公小学、桓公小学、管仲小学、晏婴小学等，以古代齐国的离宫别馆或地名命名的学校有雪宫小学、闻韶小学、遄台中学等。

中华传统文化

临淄区稷下小学

临淄区雪宫中学

① 同学们,如果你生活在城市里,你知道农村中小学依托齐文化背景命名的学校有哪些吗?如果你生活在农村,你知道城市中小学依托齐文化背景命名的学校有哪些吗?把你知道的学校说一说,和同学们分享一下。

② 除了学校依托齐文化背景命名外,你知道还有哪些地名、路名等,是依托齐文化背景命名的?把你知道的学校说一说,和同学们分享一下。

说一说:

入学了,你是哪个学校的小学生?简单地介绍一下你的学校吧!

画一画:

走进学校,哪些馆室及设施给你留下的印象最深刻?

拿起你的画笔,画画我们的校园吧!

走进齐文化

活动探究课

——寻访临淄路名

临淄是中国优秀旅游城市、国家卫生城市。完善的城市设施和优美的城市容貌为市民提供了良好的工作生活环境。千百年来，勤劳聪慧的齐人在这块神奇的大地上创造了丰富的齐文化。

临淄区人民广场及行政政务中心

临淄城区的许多主要干道的命名是依托齐文化背景提出来的。以齐国名人命名的道路有桓公路、晏婴路等，以齐国名地命名的道路有雪宫路、闻韶路、遄台路等。

活动过程：

圈一圈：

在下面的地图中找一找雪宫路、闻韶路、稷下路、遄台路、桓公路、太公路、晏婴路，并把它们圈出来吧！

中华传统文化

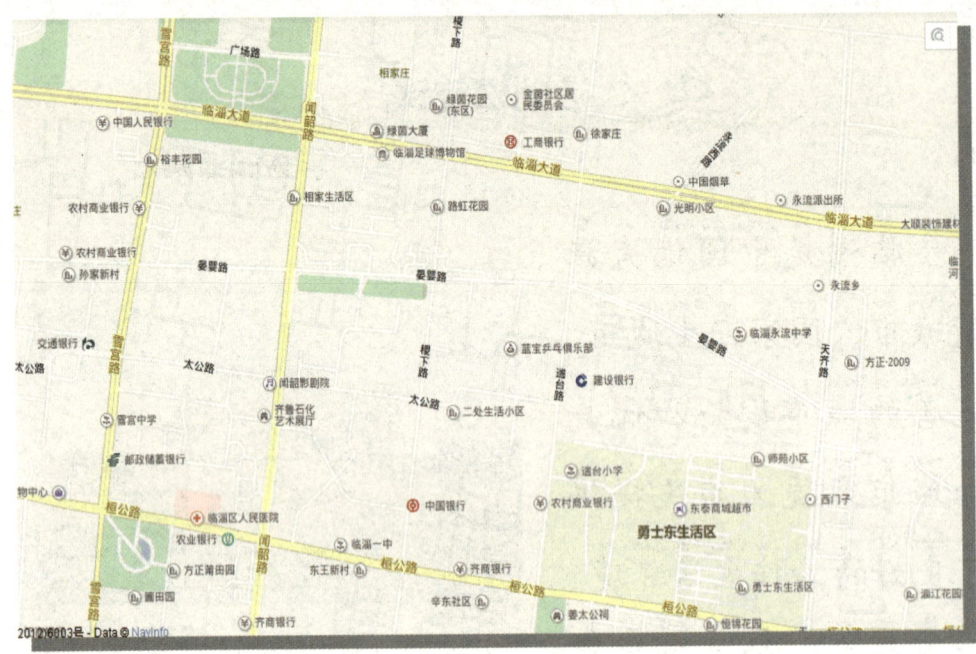

说一说：

仔细观察上图中你找出的雪宫路、闻韶路、稷下路、桓公路、遄台路、桓公路、太公路、晏婴路，说一说你发现了什么？

画一画：

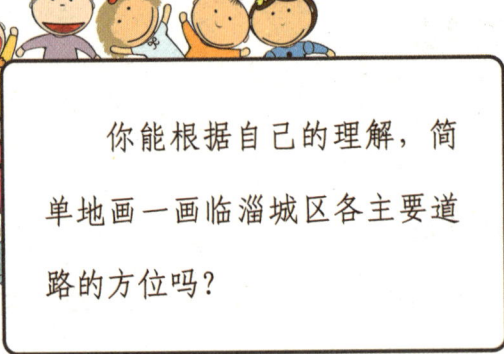

你能根据自己的理解，简单地画一画临淄城区各主要道路的方位吗？

走进齐文化

第二单元　　山水风光

临淄不但历史悠久、文化灿烂，而且是个山环水绕、人杰地灵的好地方。明代流传至今的《八景诗》说，"春回牛山雨濛濛"；又说，"淄江钓罢归来晚"，都向我们描述了临淄大地的秀美山水。名山秀水滋养了临淄人民，为齐文化的诞生和演进提供了坚实的基础，也无声地滋养着临淄人的性情。

第4课　秀美牛山

牛山位于临淄区齐陵街道境内，是临淄名山之一。牛山山林秀美，自两千多年前的春秋战国起便负有盛名，清代把"春回牛山雨濛濛"列入临淄八大景。

牛山夜景

中华传统文化

牛山及其周围,有丰富的人文景观和许多动人的传说。例如:牛山山顶有"景公流涕处,牛山北麓有齐国贤相管仲之墓,还有著名的牛山禅寺和牛山庙会。

牛山石刻

牛山庙会

关于牛山的传说,有好几个呢!你知道吗?

看一看:这些牛山美景你见过吗?

第5课　神秘稷山

稷山是临淄名山之一，位于齐国故城南十千米的齐陵街道办事处梁家终村东南。春夏之间，鸟儿在林间啼鸣；金秋时节，山间一片丰收景象。

山上有夫子庙遗址，还有汉代贵族石洞墓群——稷山洞穴墓群。

稷山夫子庙遗址　五大夫松

旧时农历二月十九还有盛大的稷山山会，现在则是人们考古学习和观光游览的好去处。

稷山墓群石碑像

稷山石刻造

中华传统文化

"稷山"的名称是怎么得来的呢?据嘉靖《青州府志·山川》载:《齐记补遗》云:"此山因上有后稷祠而得名。"意思是稷山上因为有祭祀后稷的祠堂而得名。根据传说,后稷乃是周族的始祖,善于种植,做过农官,被认为是第一个向人们传授种植稷和麦的人,因此被奉为"五谷之神"。

找一找: 在《山东省行政区划图》上找一找现在稷山的位置。

查一查:

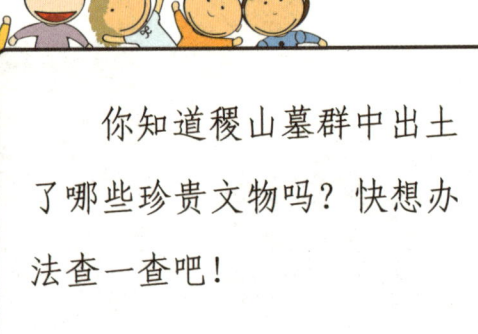

你知道稷山墓群中出土了哪些珍贵文物吗?快想办法查一查吧!

走进齐文化

第6课 临淄人的母亲河

——淄河

淄 河

淄河又称淄水或淄江，齐国故城就因靠近淄水而得名，因此，淄河又被临淄人亲切地称为"母亲河"。

淄河为人们的日常用水提供了便利，同时也孕育了大批文化遗迹。这里有"公泉峪""天齐渊""淄江晚钓""龙池秋月"等美景；有"田单解裘处"高傒墓等文化遗迹；有清代武状元徐华清等优秀儿女。

中华传统文化

近年来，区委区政府对淄河进行了疏浚维护，开掘太公湖，让"母亲河"重新焕发盎然生机。

公泉书院

 分享交流

同学们，你还知道淄河沿岸有哪些著名景点和著名人物吗？

淄河大桥与太公湖

 拓展活动

画一画：准备一份临淄地图，在地图上标出你的家，并量一量你家离淄河有多远？画出前往淄河的道路吧！

第7课　古齐名泉

——天齐渊

在临淄辛店东南三千米的淄河东岸、牛山西北麓,有一处终年常温的天然"神泉",这就是著名的"天齐渊",因其水在秋冬时节也保持在19℃左右,故俗称"温泉"。

天齐渊遗址

此泉依山临水,五泉并出。最大一泉周长20余米,是由上百个细泉并成,宛如水池一般。水汽蒸腾,迎日望去,五彩缤纷。泉中众多水泡连连冒起,瞬间迸裂,如珠

中华传统文化

落盘。文人墨客留下了"大泉喷玉碎,小泉吐珠圆"等赞美诗句。

天齐渊最终汇入淄河,但20世纪70年代末期因地下水位下降而干涸。近年来,临淄区政府投巨资在临淄齐园再现了古天齐渊的风貌。

"天齐渊"名称之由来:据西汉司马迁《史记·封禅书》载:"齐所以为齐,以天齐也……"意思是:齐国之所以被称为"齐",是因为这里是天的肚脐,也就是天下的中心。渊,深水。

据《史记》等典籍记载,天齐渊是祭祀和供奉"八神(天主、地主、兵主、阴主、阳主、月主、日主、四时主)"之一的"天主神"的地方,一直为历代齐君举行祭天仪式之地;至秦汉,秦始皇、汉武帝都曾专程至此,礼敬上天,以祈国运久远。后来每到阳春三月初三和九月初九,众多游人来此祭祀游玩、驱除不祥。东汉北海(今山东潍坊西)人徐干在其著作《齐都赋》中曾描绘当日盛况,而历代文人和地方官长如劳之辨、黄策等都曾吟诗、刻碑来记载天齐渊盛事。

走进齐文化

第三单元　临淄成语故事

悠久的齐国历史，有着深厚的文化底蕴，临淄作为齐文化的发源地，流传着很多脍炙人口（kuàizhì）的成语故事。这些成语故事被称为临淄历史、文化的"活化石"。成语故事是齐文化的精华和瑰宝，每句成语都蕴藏着一个动人的故事，滋养了一代又一代的临淄人，让我们一起来读读这些成语故事吧。

第8课　姜太公钓鱼

1. 商朝末年，商纣王是个昏君。姜太公打算离开商朝，投靠周国的西伯姬昌。

2. 姜太公来到周国的领地渭水之滨。他每天都在潘溪垂钓，等待机会。

3. 姜太公钓鱼很特别。鱼钩是直的，也不挂鱼饵，鱼钩离水面三尺多高。还说："鱼儿啊，你们自己来上钩吧。"

中华传统文化

4. 有个砍柴的老爷爷看见了，笑话他这样钓不到鱼。姜太公说："我不是为了钓鱼，是为了钓王与侯。"

5. 姬昌知道了这事，就打发个士兵想把姜太公找来，姜太公不理，姬昌又让一个大官去请，姜太公还是不理睬。

6. 姬昌这才知道姜太公不简单，亲自去请。后来姜太公帮助周文王和他的儿子周武王推翻了商朝，建立了周朝。

注　释：姜太公钓鱼比喻贤才待用。贤能辅政，大业盛隆。

出　处：《武王伐纣平话》："姜尚因命守时，直钩钓渭水之鱼，不用香饵之食，离水面三尺，尚自言曰：'负命者上钩来！'"

讲一讲：把《姜太公钓鱼，愿者上钩》的故事讲给爸爸妈妈。

走进齐文化

第9课 管鲍之交

1. 春秋时期,管仲和鲍叔牙从小就是好朋友。

2. 后来,鲍叔牙帮助齐桓公继承了君位,鲍叔牙推荐管仲任宰相职位。

3. 桓公见鲍叔牙推荐他的仇人当宰相,坚决反对。鲍叔牙说:"你如果要成就霸业,就不要记私仇。"

4. 齐桓公被鲍叔牙说服后,重用了管仲,拜管仲为宰相。结果管仲帮助桓公成就了霸业。

中华传统文化

5. 管仲临终前，齐桓公准备让鲍叔牙接替宰相职位，管仲坚决反对。

6. 鲍叔牙知道这件事后，反而心里很高兴，觉得只有管仲最了解他。

注　释：管，管仲。鲍，鲍叔牙。管仲和鲍叔牙两人相知最深。管鲍之交，比喻交情深厚的朋友。

出　处：《列子·力命》："管仲尝叹曰：'……生我者父母，知我者鲍叔也！'此世称管鲍善交者，小白善用能者。"

说一说：你和谁是好朋友？

说一说你们之间互相关心的故事。

走进齐文化

第10课 门庭若市

1. 齐国的相国邹忌是个美男子。他问妻子和妾："我和城北的徐公比，谁更漂亮？"她们都说邹忌美。

2. 邹忌又问家里来的客人。客人也说邹忌漂亮。几天后，徐公来了，邹忌觉得自己不如徐公美。

3. 邹忌拜见齐威王，说："徐公比我漂亮。可是妻子偏爱我，妾害怕我，客人有求于我，他们都说我比徐公美。您身为一国之君，全国上下都偏爱您，您受蒙蔽很深呢！"

4. 齐威王想了想，觉得对。就下令："所有的大臣、百姓，能指出我的错误的，都可以得到奖赏。"

中华传统文化

5. 命令刚下达，大臣们都来进谏，皇宫门口，院子里像赶集一样人来人往使齐国不必出兵，便战胜了敌国。

注　释：庭，院子。若，像。市，集市。指门前和院子里的人很多，像市场一样。比喻来的人多，非常热闹。

出　处：《战国策·齐策一》："令初下，群臣进谏，门庭若市。数月后，时时而间进。期年之后，虽语言，无可进者。燕、赵、韩、魏闻之，皆朝于齐。"

说一说：齐威王善于听取别人的建议，使齐国不必出兵，便战胜了敌国。同学们，当别人给你提建议的时候，你是怎样做的？有哪些做得不够好的地方？

第11课 明察秋毫

1. 齐宣王和孟子一起讨论治国的道理。孟子说:"有人说自己能够举起千斤重的东西,却拿不起一根羽毛;能够看清楚鸟兽在秋天里新长出来的绒毛,却看不见一大车木柴。您同意他的说法吗?"齐宣王说:"当然不会。"

2. 孟子又说:"您有爱护百姓之心,百姓却得不到好处。让我看,一根羽毛拿不起来是不愿用力,一车木柴看不见是眼睛不注意;百姓得不到爱护,是您不肯做,不是不能做。"

3. 齐宣王说:"不能做和不肯做有什么不同?"孟子说:"要求一个人夹着泰山跳过北海,是不能做;要他替老人按摩,他说不能做,是不肯做。您爱护百姓,就像替老人按摩一样简单。只是您不肯去做。"

中华传统文化

4. 孟子接着说:"尊敬自己的长辈,从而尊重别人的长辈;爱护自家的孩子,从而爱护别人的孩子。您爱护百姓,那么,治理天下就可以像手上把玩小东西那样容易了。"齐宣王点头同意。

注 释:明,指视力。察,仔细观察。秋毫,鸟兽在秋天新长出的绒毛,比喻极细微的东西。明察秋毫,形容目光锐利,连最细小的东西都能看清楚。

出 处:《孟子·惠王上》:"有复于王者,曰:'吾力足以举百钧',而不足以举一羽;'明足以察秋毫之末',而不见舆薪,则王许之乎?"曰:"否。""今恩足以及禽兽,而功不至于百姓者,独何与?然则一羽之不举,为不用力焉;舆薪之不见,为不用明焉,百姓之不见保,为不用恩焉。故王之不王,不为也,非不能也。"

查一查:孟子是谁?齐宣王是谁?请你搜集资料了解一下吧。

讲一讲:把《明察秋毫》这个成语故事讲给爸爸妈妈听。

第四单元 名人风采

临淄不仅是周代齐国的都城，而且是西汉、东汉齐王国的都城。在这片神奇古老的土地上，先后有六十一位齐君、齐王治国理政（姜齐三十二位，田齐八位，秦汉之间八位，西汉七位，东汉六位），上演了一幕幕叱咤风云、惊天动地的历史话剧。在这些君王中，最著名的当属姜太公、齐桓公、齐景公、齐威王和齐宣王五位。

第12课 姜太公

姜太公，姓姜名尚，字子牙。是古代齐国伟大的思想家、政治家、军事家。

他辅佐周文王、周武王灭商兴周，因首功被封于齐，公元前1045年，他击退莱人进攻，建立齐国，定都营丘，成为齐国的第一代国君。他因俗简礼，尊贤尚功，通工商之业，便鱼盐之利，很快使齐国成为东方大国。他的军事思想被后人集录在《六韬》里。

中华传统文化

姜太公因地制宜，发展手工业、渔盐业

姜太公返京报政

把你所知道的有关姜太公的故事或传说，讲给同学们听一听。

你能搜集一个与姜太公有关的故事或传说，并熟练地讲给别人听吗？

走进齐文化

第13课　齐桓公

齐桓公（？—前643），姓姜，名小白，姜氏齐国第十六代国君，公元前685年至前643年在位，是齐国功业最为显赫的君主之一。

齐桓公继位以后，不计一箭之仇，任用管仲为相。在各方面推行改革，因地制宜，发展经济，实行军政合一、兵民合一的制度，九合诸侯，一匡天下，使齐国成为"春秋五霸"之首。

齐桓公雕像

齐桓公与管仲太庙论霸业

鄄地会盟

中华传统文化

分享交流

你们知道"管仲拜相"或"老马识途"的故事吗？给大家听吧！

老马识途

管仲拜相

拓展活动

查一查：

公元前679年，齐桓公以自己的名义召集宋、陈、卫、郑在哪里会盟？在这次会盟后，齐桓公才成为公认的霸主。

走进齐文化

第14课 齐景公

齐景公，姓姜，名杵臼，公元前547至前490年在位，姜齐第二十五代国君。

齐景公继位以后，在内乱不断、政局动荡的情况下，任用晏婴为相，在晏婴的辅佐下，有复霸兴国的远大理想、善于纳谏，比较重视国事、爱臣爱民，使齐国保持了稳定和繁荣，呈现出长治久安、较为强盛的局面，在春秋列国中保持了大国地位。在位后期几乎成了霸主。

景公问政

分享交流

通过你了解的齐景公的故事，讨论一下，齐景公有什么个性特点？

中华传统文化

知识链接

齐晋争霸

公元前530年,晋国召集诸侯为晋昭公即位祝贺,齐景公就表现出复霸的强烈欲望。公元前529年,晋国为巩固霸业,带了军队在平邱大会天下诸侯,只有齐景公不承认晋国的霸主地位。公元

晏子智说齐景公

前526年,齐景公选徐国作为进攻的目标,凯旋而归,晋国未加干涉,证明了齐景公争霸主的初步胜利。公元前517年,鲁国内乱,齐景公联合莒国、邾国、杞国和鲁昭公在鄟陵(zhuānlíng)(今山东郯城)会盟,利用安置鲁昭公,赢得了诸侯的赞誉和信赖,增强了争霸的砝码。公元前501年,齐、卫联军讨伐晋国,夺取了禚、媚、杏等地。公元前497年,齐国、卫国再次在漠氏(今山东巨野附近)相会,夺取了晋国的邢等八个城池,达到了齐景公图霸事业的顶峰。齐景公通过对各诸侯国的硬打软拉,使得齐国又能与晋、楚两大国抗衡,形成了三强鼎立的局面。

拓展活动

查一查:你能查到"田氏代齐"的资料吗?

走进齐文化

第15课　齐威王

齐威王，姓田，名因齐，田齐桓公田午之子。田齐第四代国君，公元前356年至公元前320年在位。他是一个贤明的国君。

齐威王继位以后，在国内进行了一系列的整顿和改革：积极纳谏。接受了淳于髡"一鸣惊人"的劝谏和平民琴师邹忌的进谏；整顿吏治，诛杀了贿赂和接受贿赂的官员；重用人才，把人才提到"国宝"的高度来认识；广开言路，在邹忌的劝谏下，悬赏纳谏。改革军事，命人收集、校订、论证古代司马兵法。使齐国国富兵强，开启了齐国王业，使当时齐国成为战国七雄之一。

中华传统文化

日积月累

弹琴拜相，任用平民

平民邹忌以谈论鼓琴技巧求见齐威王，劝他任用贤良的大臣、铲除奸佞小人，抚恤民众，积累财富，经营霸王大业。威王见邹忌是个人才，三个月后就用为相国，加紧整顿朝政，改革政治，国力大增。

邹忌以琴说齐王

分享交流

有关齐威王的故事、成语很多。比如："一鸣惊人""围魏救赵""门庭若市"等，谁知道？给大家讲一讲吧！

邹忌讽齐威王纳谏

拓展活动

临淄区齐陵街道境内的牛山东麓，有四座巍峨高大的古墓，埋藏着战国时期齐威王、齐宣王、齐湣王、齐襄王。了解一下齐威王的其他故事吧！

第16课　齐宣王

齐宣王，姓田名辟疆，齐威王之子，公元前319年继位田齐第五代国君。

齐宣王在位期间，励精图治，雄霸称王。对内勤于修政，容人纳谏，从善如流，知人善任；对外合纵睦邻，保持了威王时期的威望，使齐国始终处于与秦国分庭抗礼的地位，在位期间，齐国国力最为强盛。他不惜耗费巨资，招徕天下各门各派文人学士，来到齐国的稷下学宫，使稷下学宫进入鼎盛时期。对中国古代文化的发展繁荣起到了巨大的推动作用。

知识链接

用人不疑

战国时期，秦国进攻齐国，齐宣王命令匡章迎击秦军。匡章派使者不断地往来于秦军营地，一方面，与秦军周旋；另一方面，记下秦军的旌旗

中华传统文化

和士兵服装的样子，准备让一部分齐军伪装成秦军，混入秦营，对秦军突然袭击。齐国的侦探不知匡章的意图，再三向齐宣王报告，说匡章准备率军投降秦军，大臣们也劝齐宣王早作防备，齐宣王却认为，匡章不可能叛变。结果不久，齐军大胜，匡章凯旋而归。齐宣王说，匡章为人十分忠厚，因为父亲去世前没有留下

齐将匡章

遗言，就不敢改葬母亲；他连死人都不欺骗，怎么可能叛国呢？可见，齐宣王是用人不疑的。也正因为如此，匡章忠心耿耿地听命于齐宣王，为齐国立下了赫赫战功。

拓展活动

关于齐宣王的故事，在民间流传很多，如孟子进见齐宣王、王斗求见宣王、颜斶(yánchù)见宣王、钟离春进谏宣王等，搜集后和同学分享。

孟子进见宣王

走进齐文化

第五单元　　诗歌欣赏

古代诗人留下了许多与我们临淄有关的诗歌作品,流传下许多脍(kuài)炙(zhì)人口的诗句。让我们静下心来去读一下这些诗歌吧,它们会告诉我们一些什么呢?

第17课　过临淄

【北宋】　李格非

击鼓吹竽七百年,临淄城阙尚依然。

如今只有耕耘者,曾得当时九府钱。

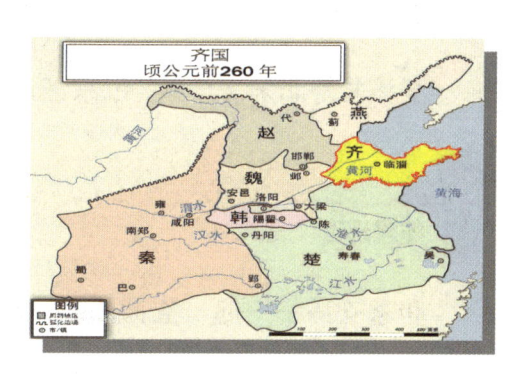

注　释:

　　击鼓吹竽:奏乐。形容齐国临淄的繁盛和富裕。

城阙：城楼。这里指整个临淄古城。

九府钱：周代的一种货币。

诗文解析：

作者经过临淄，看到临淄古城，联想到周朝时齐国临淄是多么的繁盛和富裕啊，现在虽然古城楼还在，但已经没有当时的景象了，只有农民耕耘时捡到的九府钱，能证明当年的繁华。

译　文：

古时候，临淄作为齐国都城，一派歌舞升平的景象，繁荣昌盛了七百年，可是，到了现在，临淄古城的城墙虽然还能看到，其他繁荣的景象却已经都没有了，只有农民耕耘时捡到原来的九府钱，才能证明这里就是原来那个富饶的临淄。

日积月累

李格非是北宋文学家。山东济南历下人，是著名女词人**李清照**的父亲。

拓展活动

和爸爸妈妈一起，查阅资料，了解一下齐国历史，感受昔日的齐国都城临淄的繁荣景象吧！

走进齐文化

第18课　牛山道中书所见

【清】　赵执信

西风吹雾白难收，沙引清淄入地流。

绿树连天村暗雨，牛山何处见金牛。

注　释：

白：白色的云雾。

淄：指淄河。发源于博山的原山。

金牛：传说，姜太公在临淄迷路，眼前出现一头金牛，脚下现出一条大道，他便跨上金牛渡过了淄河。这时金牛消失了，一座巍峨的山摆在面前，形状很像牛。姜太公称这座山为牛山，用来纪念金牛的功德。

中华传统文化

诗文解析：

　　作者非常生动形象地描绘了牛山微雨中蒙蒙的美丽景色，表达了诗人对历史的感悟和对人世沧桑的感慨，读起来很让人回味。

译　文：

　　牛山经常被大雾笼罩着，猛烈的西风也不能吹散，在牛山脚下，淄河顺着沙地流入到地下，牛山与淄河的山水之间，树木茂盛，经常下点小雨，景色十分秀丽，却再也找不到那头神奇的金牛了。

日积月累

　　关于牛山名字由来的传说很多。相传公元前26世纪，黄帝在涿鹿大战蚩（chī）尤（yóu），屡战不胜，命令大将"神荼""郁垒"在东海流波山，捉了一只夔（kuí）牛，在淄河岸边一座山下，做了一面大战鼓，把牛头、牛骨埋在山上，以后每年夏天雨季、淄水爆发，夜间，就听见山上牛叫。后来人们称此山为牛山，当地人春耕和秋收后，都前往祭山拜牛，祈祷山川神牛保佑平安和取得好收成。

拓展活动

　　听一听　唱一唱：著名歌唱家彭丽媛曾经唱响了一首关于牛山的淄博民歌《赶牛山》，有时间可以和爸爸妈妈从网络上搜一搜，听一听，唱一唱。

走进齐文化

第19课 系水

【明】 王象春

缛草繁阴古系河,野云不散海风多。

往来射猎诸少年,醉唱凉州放马歌。

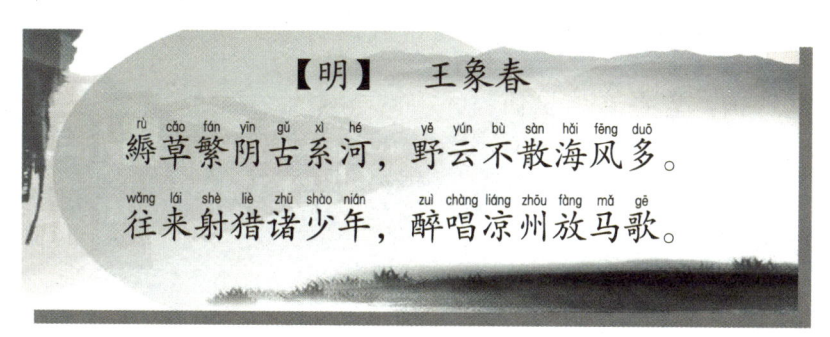

注释:

缛草繁阴:形容河边绿草繁茂。

凉州放马歌:凉州,古代的地名,现在的甘肃、宁夏、青海一代,这里的人民以放牧为生,牧民善于唱歌。这首诗里指系水河的河畔放牧的多。

诗文解析:

作者描述了当时的系水及周边水草丰美、物产丰富,在河两岸居住的人们安居乐业、享受生活的场景。

译文:

系水河畔绿草茂盛、雨水充足,好像在海边一样,有很多年轻人在河边放牧、打猎,吃饱喝足了在河边大唱放马歌。

日积月累

古代临淄齐都城西有一个申池,申池水流淌到凤凰镇王青村时分叉,向北流的叫渑水，向西流的叫系水。系水经过王青村的南边，经过柴家疃到温家岸村的西边，然后经过梧台南边，最后进入画水。系水北边的梧台，是春秋战国时期齐国的国宾馆，战国时期，著名爱国诗人屈原代表楚国访问齐国，曾经在这里住过。

拓展活动

找一找： 对照地图找一找，古系水在现代还有吗？系水周边的村庄你有知道的吗？

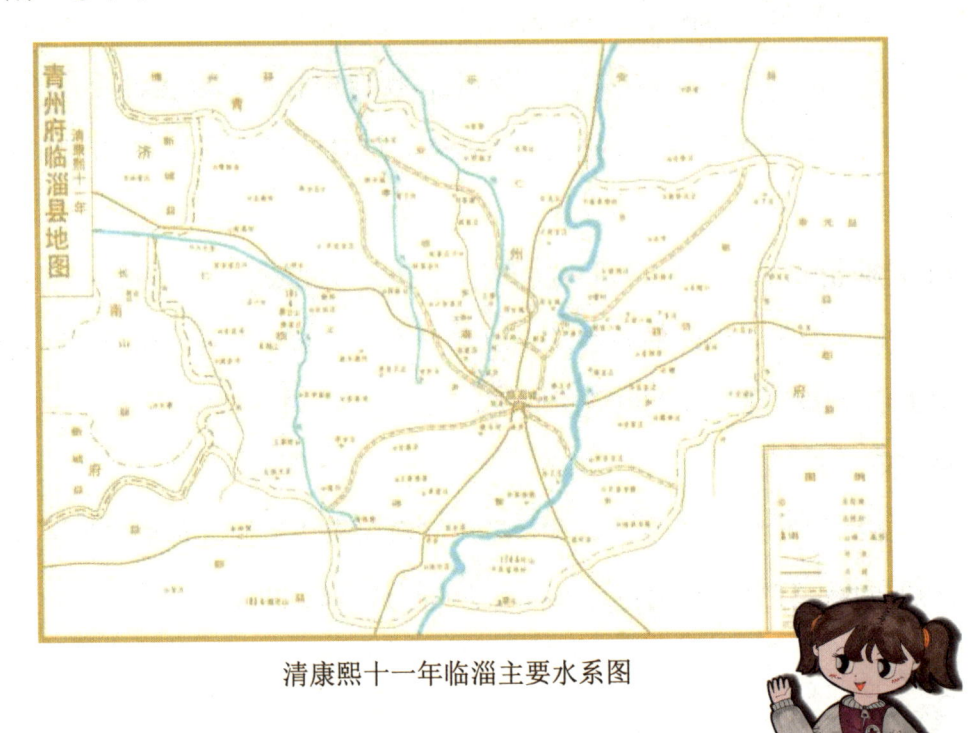

清康熙十一年临淄主要水系图

走进齐文化

第20课　天齐渊

天齐渊

【北宋】　王曾

牛山东下古齐渊，一鉴空明印碧天。

溟渤微茫来远脉，淄渑回合接通川。

檀栾风雨千竿竹，偃卧鱼龙百尺泉。

结网临流非我事，濯缨清韵抵今传。

注　释：

溟渤：溟海和渤海。这里指大海。

微茫：模糊。

檀栾：秀美的样子。一般用来形容竹子。

偃卧：仰面躺着。

濯缨：比喻超脱世俗，有高洁的操守。

诗文解析：

古时候，天齐渊是牛山脚下一组美丽的喷泉，作者形象地描述了当时美丽的景象，令人心生向往。

中华传统文化

译 文：

牛山脚下，东边就是天齐渊，它像一面镜子映照着天空，远远望去，天齐渊碧波万顷，水天一色，仿佛连接着远处的大海，淄水、渑水在这里交汇。天齐渊滋润着湖边那成片的竹林，风吹雨打下非常秀美，仰面躺在泉边欣赏美景，诗人不去水边打渔，创作出高尚的诗歌流传下去。

日积月累

天齐渊，又名瑞泉、丰泉、丰水，俗称温泉，古齐之圣水名泉。其位于牛山西北麓(lù)、淄河东岸，齐陵街道刘家终村北蛟山脚下。昔时五泉并出，大泉喷玉碎，小泉吐珠圆，蔚为壮观。泉中水流似玉、波光粼粼；泉

齐园"天齐渊"胜景

边雾气蒸腾，如梦似幻；其间宾客如云，游人如织。天人相映，和乐安康；心泉相谐，情趣盎然。

拓展活动

节假日时，同学们可以和爸爸妈妈一起到古天齐渊遗址走一走，到齐园看一看临淄人民投巨资重现的"天齐渊"胜景。

走进齐文化

第六单元　　文物撷英

临淄是国家历史文化名城,作为战国时期著名的国都,这里埋藏着丰富的文物,有"地下博物馆"之美称。临淄出土的文物数以万计,是全省的文物大区。现有博物馆4处,馆藏文物一万多件。下面我们就一起赏这些精美绝伦的文物,品文物背后承载的厚重历史。

第21课　　铜钟

欣赏图片：你认识这是什么吗？

这是西周时期的一种乐器,由青铜制成,名字叫铜钟,这件铜钟是1964年在临淄区齐都镇河崖头村出土

中华传统文化

的。它高约40厘米,重达13.5公斤。铜钟上有三行排列整齐的乳枚(凸起),每行12枚,中间还装饰了美丽的蟠螭纹呢。

分享交流

同学们欣赏一下图片上的鎏金铜豆吧,你知道它的用途吗?

知识链接

鎏(liú)金铜豆是西汉时期盛食物用的器具。1983年出土于临淄稷山西汉洞石墓,共2件,高12.2厘米,口径13.3厘米,腹径14厘米,底径9.4厘米,柄高5.3厘米。全身鎏金。鎏金铜豆的盘身较深,子母口,盖子已经丢失,有圆圈一样的底足。

拓展活动

游一游: 利用假期和爸爸妈妈到齐国历史博物馆近距离欣赏一下精美的铜钟吧!

走进齐文化

第22课　鎏金编钟

编钟是中国古代的打击乐器，由大小不同的钟组成，装饰着精美的图案。它们有次序地悬挂在木架上，敲击发出的声音各不相同。

图片上的这组编钟是1983年临淄区稷山西汉洞石墓中出土的，共14件。临淄齐国故城遗址博物馆收藏了其中的12件。这组编钟全身镀金，钟上装饰了旋涡一样的花

中华传统文化

纹，两面各有乳钉（凸起）18枚。

分享交流

同学们欣赏一下图片上的鎏金熏炉吧，你觉得它哪里最漂亮？

知识链接

熏炉是古人净化室内空气的用具。在炉里点上香，轻烟透过盖上的小孔冒出来，使人心旷神怡。鎏金熏炉小巧精致，1979年出土于临淄区辛店街道办窝托村汉齐王墓陪葬坑。它通体鎏金，弧形的盖，装饰一个环钮，盖上雕着两条盘龙。腹部有微凸起的一周纹带，装饰着对铺首衔环。刻有"左重三斤六两"、"今三斤十一两"的字样。

拓展活动

查一查：和爸爸妈妈一起利用网络和图书馆查一查编钟的资料吧！

走进齐文化

第23课 国子鼎

国子鼎于1956年在齐国故城东南尧王村西南凤凰冢附近出土。它的盖子里面刻着"国子"的铭文。盖子较严，围绕盖子的中心有三个凸起像拐尺形状的片钮。这是临淄地区鼎的特点，在其他地区很少见到。

知识链接

历史上最早的鼎是用来烹煮食物的，鼎的三条腿便是灶口和支架，在下面烧火，就可以烹煮食物。青铜鼎出现后，它又多了一项功能，即作为祭祀神灵的礼器。在周代，有"天子九鼎，诸侯七鼎，卿大夫五鼎，元士三鼎"等使用数量的规定。随着这种等级、身份、地位标志的逐渐演化，鼎逐渐成了王权的象征、国家的重宝。

中华传统文化

分享交流

同学们欣赏一下图片上的铜鼎吧,你能看出它与国子鼎的区别吗?

铜鼎是春秋时期用青铜制作的烹煮食物的器具。1991年出土于临淄区朱台镇上河村西,平盖,直耳,在鼎腹上部有蟠(pán)螭(chī)纹。高22.5厘米,口径27.5厘米,耳高10.5厘米。

拓展活动

游一游:和爸爸妈妈一起利用周末欣赏一下太公湖边的太公宝鼎吧!

走进齐文化

第七单元　　文化遗产

故都临淄是一个古老而又神奇的地方，文化底蕴十分丰厚，留下了丰富多彩的非物质文化遗产，不但滋养着一代代临淄人民的心灵，而且对中国和世界文明的发展产生了重要影响，其中齐《韶》和蹴（cù）鞠（jū）就是其中两朵最艳丽的文明之花。

第24课　齐《韶》

齐《韶》是中国古代齐国的一种大型宫廷乐舞，主要是用来歌颂帝王们德行的。来源于虞舜创作的《韶》，脱胎于周《韶》。周《韶》随姜太公建立齐国带入齐地后，与齐地俗乐相融合，

韶乐演奏乐器——编钟

得到丰富和发展，逐渐成为齐国大型活动仪式上演的乐舞，即齐《韶》。公元前517年孔子来齐国观赏齐《韶》后，赞叹道："没想到齐《韶》这么美妙！"以至于让孔子三个月吃饭都品尝不出肉的味道。

中华传统文化

韶乐演奏乐器——石磬

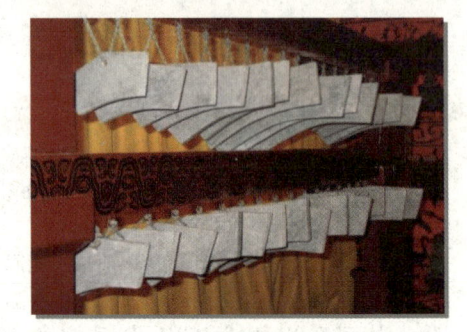

齐国历史博物馆韶乐厅

分享交流

1. 2004年9月12日，在首届"临淄国际齐文化旅游节"开幕式上，淄博市歌舞剧院演出了大型舞乐诗《齐〈韶〉乐舞》。

2. 齐《韶》光盘现在已经对外发行。

知识链接

传说，舜南巡到韶山时，被手执弓矛的苗民团团围住。舜于是率领众人奏起韶乐，一时间，百鸟和鸣。三天三夜后，苗人终于被优美的韶乐感化，放下武器，随着节奏翩翩起舞。因为舜曾经在那里演奏过韶乐，所以那里才被称作韶山。

拓展活动

临淄区齐都镇韶院村是当年孔子在齐国观赏《韶》乐的地方。让你的爸爸妈妈带你到孔子观赏《韶》乐的地方看看吧！

第25课　蹴鞠

足球是当今世界最受欢迎的运动项目之一，这项运动最早起源于我们家乡临淄的蹴鞠。

史书记载：两千三百年前，当时的齐国首都临淄盛行一项著名的运动——蹴鞠。这里的"蹴"就是用脚踢，"鞠"就是牛皮做成的足球，"蹴鞠"，就是用脚踢球。2004年7月15日，临淄被国际足联确认为世界足球起源地。

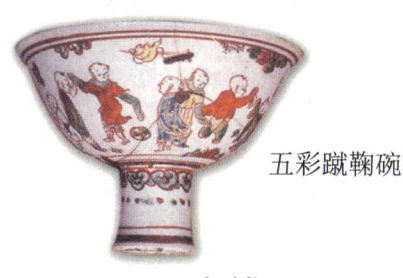

五彩蹴鞠碗

蹴鞠纹画像镜

宋太宗蹴鞠图

孩儿蹴鞠图窑枕

中华传统文化

日积月累

下面三幅图分别是古代的四片鞠、六片鞠、八片鞠。

图一 　　　　　　图二 　　　　　　图三

分享交流

你知道这位手拿鞠和足球的爷爷是谁吗？

拓展活动

有机会，我也要去蹴鞠，感受一下。

第八单元　抚今追昔

临淄是齐国故都，历史悠久，山川秀丽，名胜众多。这一单元我们将一起走进临淄大地，到中国古车馆·太公生态文化旅游区的姜太公植物园走一走，去牛山脚下的太公湖游一游，在晏婴路南侧的晏婴公园坐一坐，上城区西南的齐园转一转，再到闻韶园看一看吧。

第26课　姜太公植物园

太公植物园位于国家4A级风景旅游区——中国古车馆·太公生态文化旅游区的核心部位，南临太公湖，西接临淄大道，规划面积27.8公顷，2009年3月底完工，以周代齐国开国国君姜太公命名。意在着力打造齐文化的姜太公文化主题。

太公湖齐祖广场

中华传统文化

走进太公植物园，美丽的风景让人流连忘返。太公铜雕像矗立在广场中央，他手握书卷，两眼炯炯，俯瞰着齐国大好河山。轻巧别致的建筑踞山面湖，点缀于万绿丛中，掩映成趣，形态各异的景石与绿林、碧水和谐、艺术地融为一体。

知识链接

在太公植物园的入口处设有太公宝鼎。鼎是我中华祖先创制最早的一种器皿，后来成为祭祀神器，是国宝。几千年来，鼎一直被沿用，而且鼎为我所独有，在中华物质文化史中占有重要地位，是中华民族文化的象征之一。

拓展活动

说一说：你知道"姜太公"的传说吗？说给同学听听吧。

走进齐文化

第27课　太公湖

太公湖，坐落于风景秀丽的牛山脚下，南依自然风景旅游区马莲台，西连临淄城区，东望"东方金字塔"——田齐王陵，北邻中国古车博物馆。以齐国开国国君姜太公命名，从淄河上游太河水库引水成湖。太公湖，依托临淄人民的母亲河——淄河而建，位于国家4A级风景旅游区"中国古车馆·太公生态文化旅游区"的核心部位。2009年，太公湖被国家水利部命名为"国家水利风景旅游区"。

知识链接

太公湖上下游长2500米，宽300—500米，水面面积1500亩，蓄水能力 150 万立方米，工程总投资 5800 万元。太公湖按照其功能区划分为渗滤池、荷花池和主湖区三个部分。其充库后以临淄污水处理厂净化水作为主要补充水源，提高了水资源重复利用率，实现了污水资源化。

拓展活动

看一看：南阳太公湖——历史研究南阳为姜太公祖籍地，姜太公也是南阳五圣之一，此湖因此而得名。欣赏一下南阳太公湖的风景图片吧！

走进齐文化

第28课　晏婴公园

晏婴公园以齐国名相晏婴的名字命名，位于临淄城区的晏婴路南侧。东起遄台路，西至一诺路，全长约4000米，南北宽50米，绿化面积20.5万平方米。它利用自然式植物造景艺术，根据植物的生长季节和观赏特性，营造了"桃红柳绿春满园"等六大植物景观。园内建设了晏子出使等五处主题雕塑以及各类健身广场、鹅卵石健康步道、设施小品，形成了健康生态、精致高档的"七段五园十六景"。

中华传统文化

知识链接

晏子出使园通过植物造景、广场、园林小品的设置，满足市民活动娱乐的需求。同时和文化结合，设有晏子出使、金壶丹书等雕塑。主要活动场地为晏子出使下沉广场、海棠广场等。

拓展活动

看一看： 有条件的话，让爸爸妈妈带你去晏婴公园参观参观；如果暂时没有条件，找一些晏婴公园的图片看一看。

第29课　齐园

齐园是战国时期的旅游胜地，1982年5月沿用此名重建，位于临淄城区牛山路与齐园路交汇处，总占地面积12万平方米，是临淄城区唯一的一处以现代园林景观特色为主体的文化公园。位于园区中西部的天齐渊景区景色最为怡人，主要包括山体、瀑布、溶洞、天齐阁、天齐池、摩崖石刻、天齐湖光及沿湖齐都码头、花架廊、水榭观瀑、太公钓鱼台、严矶晚钓、草房水车、龙池秋月、矮槐夏日等艺术佳境。

中华传统文化

知识链接

齐园内有淄博市临淄区齐园国防教育基地,由兵器展览馆和国防教育馆两部分组成,是鲁中地区最大的国防教育基地。2006年2月,基地被山东省人民政府批准,命名为"山东省国防教育基地"。

拓展活动

画一画：走进齐园,哪些美景给你留下的印象最深刻,拿起你的画笔,画一画吧！

走进齐文化

第30课 闻韶园

闻韶园北门

闻韶园取意于"孔子在齐闻韶,三月不知肉味"的历史典故,其占地面积1.2公顷,坐落于齐鲁石化体育广场以南,1992年6月1日建成,是齐鲁石化生活区一块最大的公共绿地。园中有水月轩、落雁石、唱晚亭,三者暗合"春江花月夜""渔舟唱晚""平沙落雁"等名曲,漫步园中,会令人陶醉于古典乐曲的联想中。

中华传统文化

日积月累

读一读：

子曰："学而时习之，不亦说乎？有朋自远方来，不亦乐乎？人不知而不愠，不亦君子乎？"（《学而》）

曾子曰："吾日三省（xǐng）吾身：为人谋而不忠乎？与朋友交而不信乎？传不习乎？"（《学而》）

拓展活动

看一看：

同学们，闻韶园的文化长廊很有特色，有时间让爸爸妈妈带你去看看吧。

走进齐文化

活动探究课

——走进临淄名园

临淄名园开拓了我们的视野,增长了知识,特别是园中的故事,包含着许多做人的道理,可以使人们从中受到鼓舞,受到教育。今天就请你赶快动身走一走,记录下游园的乐趣和收获吧!

活动过程:

眼中名园 小朋友和你的爸爸妈妈,带上你的相机到名园中走一走吧,顺便把眼中的美景拍下来。

手中名园 小朋友拿起你的画笔,把名园中的最美风景画下来吧。

中华传统文化

口中名园 名园故事我来讲。把你最喜欢的一个名园故事在小组内讲给大家听一听吧!

主要参考书目

《齐国故都临淄》(上、下)——中共临淄区委、区政府编

《走进齐都》——谢维俊主编

《临淄成语典故》(上、下)——毕国鹏主编

《古代咏齐诗赋辑览》——王毅编著

《齐文化成语千句文》——王本昌、王海青著

《齐国成语典故故事》——王本昌著

走进齐文化

编后语：

为落实教育部《完善中华优秀传统文化教育指导纲要》精神，由宋爱国同志倡导和发起，张成刚同志积极推进，组成了《中华传统文化——走进齐文化》编委会，编写了本书，旨在使广大中小学生通过对齐文化的学习和了解，感悟齐文化的丰富多彩和博大精深，激发热爱齐文化的情感，提高对齐文化的认同度，从而探究齐文化，发掘齐文化，弘扬和光大齐文化，共建中华民族文化的精神家园。

徐广福拟定《〈中华传统文化——走进齐文化〉编写大纲》，确立了编写的指导思想、编写的原则、编写的思路、编写的体例、编写的内容和编写的目录；李德刚、吴同德、于建磊负责分册编写的组织、统稿、审稿和修订工作；王鹏、朱奉强、许跃刚、李新彦多次组织相关会议，推动了本书的编写工作；各分册的编写人员尽心竭力，按时完成了编写任务。

本书在项目论证、具体编写、审稿修订的过程中，得到了社会各界的帮助。齐文化专家宣兆琦教授对本书的编写纲要提出了很好的意见和建议；临淄区齐文化研究中心、齐文化研究社鼎力相助，宋玉顺、王金智、姜建、姚素娟、王景甫、王本昌、王方诗、邵杰、胡学国、王毅等专家给予了热情指导和真诚帮助，在此表示衷心感谢！

中华传统文化

　　我们还要感谢试用本书的广大师生和读者。限于时间和水平，本书难免会存在一些问题，希望在试用过程中，及时把意见和建议反馈给我们，以便我们进一步改进和优化，提高本书的内涵品质。

《中华传统文化——走进齐文化》编委会

2023 年 2 月